AF227409

MISSION

DE

SINAMARY

Appel aux Fidèles de France.

AU PROFIT DE L'ŒUVRE.

Prix : 30 cent.

PARIS.

AU SÉMINAIRE DU SAINT-ESPRIT,

RUE DES POSTES, 26.

| GAUME Frères, | ADRIEN LE CLERE ET Cⁱᵉ, |
| Rue du Pot-de-Fer, 5. | Quai des Augustins, 35. |

1836.

MISSION

DE

SINAMARY.

Tandis que l'impiété couvrait de deuil la France entière, renversait les autels, détruisait les temples du Dieu trois fois saint, qu'elle brisait le signe sacré de notre rédemption, profanait les vases du plus grand, du plus redoutable des sacrifices, et répandait sur les pierres même du sanctuaire le sang des justes, dont tout le crime était d'aimer et de pratiquer la religion de Jésus-Christ, religion sainte, sublime, toute d'amour, toute de consolation ; des prêtres, en grand nombre, aimant mieux mourir que de trahir leur foi, échappés à la hache révolutionnaire, encore toute dégouttante du sang d'illustres victimes, étaient jetés aux extrémités de l'Océan Atlantique , sur les sables brûlans de la Guiane (1).

Encore si Cayenne avait été le lieu de leur exil! Quels soulagemens n'eussent-ils pas trouvés dans les soins et le dévouement de ses habitans si hospitaliers! Au milieu des amertumes d'une cruelle persécution, ces généreux confesseurs de la foi auraient éprouvé des consolations réelles auprès des bons Cayennais, qui ne s'estiment jamais plus heureux que lorsqu'ils

(1) La Guiane française est divisée en onze quartiers, qui tous tirent leurs noms des rivières qui les arrosent. Cayenne, qui est le chef-lieu de la colonie, a une rade vaste et commode ; c'est le centre du commerce, le siége du gouvernement, de la cour royale, du tribunal de première instance ; c'est aussi la résidence du préfet apostolique et des missionnaires de la Guiane. On peut évaluer à environ 150 lieues de long du N. O. au S. O., sur une largeur de 110, l'étendue totale de la Guiane. Sa population est de 23,047 habitans. Le sol de la Guiane se divise en deux parties, terres hautes et terres basses. Les premières confinent aux montagnes de l'intérieur et sont en grande partie couvertes de forêts vierges impénétrables; les secondes, qui s'étendent entre celles-ci et la mer, sont de la plus grande fertilité.

ont secouru le malheur, consolé l'infortune (1).

Mais *Sinamary* (2) leur était destiné. C'est là que, loin des habitations qui auraient pu les secourir, relégués dans une savanne (3), appelée depuis la Savanne des Pères (4) , qui ne leur produisait que des herbes stériles, ayant tout à souffrir des chaleurs excessives de la Zone Torride, dévorés par une multitude d'insectes (5) qui rendent inhabitables les lieux ma-

(1) M. de Beauregard, actuellement évêque d'Orléans, peut rendre témoignage à la vérité.

(2) Sinamary, à 22 lieues N. O. de Cayenne, est un pays de savannes. Les prêtres y furent déportés en 1793. Bien qu'exilés dans une région lointaine, ils ne se ressentirent pas moins des fureurs de la persécution. C'est dans le fort bâti près la rivière de Sinamary que furent renfermés en 1797 plusieurs Français déportés. Ils y souffrirent des maux inexprimables.

(3) Au Canada l'on donne ce nom aux forêts d'arbres résineux ; mais dans les îles françaises de l'Amérique on appelle savanne une prairie. Celles qui n'ont point d'écoulement sont couvertes d'eau pendant la plus grande partie de l'année.

(4) Nom qu'on donne généralement aux missionnaires.

(5) La moustique, dont la piqûre très douloureuse laisse sur la peau une tache semblable à celle du pourpre, et le maringouin, qui ressemble au cousin, sont fort com-

récageux; en proie aux douleurs les plus vives, la plupart finirent leur vie, modèle d'une foi et d'un courage héroïques, d'une résignation et d'une patience plus qu'humaines. Ils sont morts, adressant à Dieu les vœux les plus ardens pour le salut de la France, et les plus vives supplications en faveur de leurs persécuteurs. Ils sont tous morts pleins de joie; *leur espérance était pleine d'immortalité* (1).

Sinamary possède encore les cendres de ces prêtres martyrs. L'herbe couvre leurs tombes qu'une croix domine. Le lieu de leur sépulture est vénéré; chacun demande avec instance d'être enterré aux pieds des Pères. Quelquefois on y construit un carbet (2), on y dresse un autel, et un missionnaire, en présence de tous, y offre

muns dans l'Amérique. Mais un des plus dangereux c'est la chique, espèce de ciron qui entre dans la chair, y dépose ses œufs, et bientôt y cause la gangrène, si l'on n'a soin de l'extirper. Nous avons vu des personnes qui par suite de leur négligence ont été obligées de subir l'amputation de la jambe.

(1) *Spes illorum immortalitate plena est.* (Sag., chap. 3, vers. 4.)

(2) On plante en terre quatre pieux de 10 à 12 pieds

le saint sacrifice pour ceux dont les cendres reposent en cet endroit. Et pourquoi n'y élèverait-on pas à la mémoire de ces héros de la religion, un monument qui rappelât à la postérité leurs vertus sublimes ?

L'église de *Sinamary*, tombée de vétusté, après la première révolution, n'a point été rétablie. L'herbe, toujours renaissante, s'élevait épaisse au milieu de ses ruines, qu'ombrageaient des arbres sauvages. Les serpens avaient leurs repaires là même où de saints missionnaires offrirent tant de fois à Dieu, en présence du peuple, de toutes les victimes, la plus pure, la plus sainte; celle qui a racheté le monde. En 1817, on ne voyait plus rien de l'ancien temple; une croix seulement rappelait qu'il avait existé.

Depuis plus de trente ans, les habitans de *Sinamary* gémissent de se voir privés des secours de la religion. Un prêtre de Cayenne va les visiter quelquefois. C'est pour eux un ange envoyé de Dieu qui vient leur offrir les consolations si puissantes, si efficaces de cette reli-

---

de hauteur, sur lesquels on construit une charpente fort légère que l'on couvre de feuilles.

gion divine qui fait goûter à l'homme chrétien des joies pures au milieu des amertumes de la vie, et lui procure la jouissance éternelle du souverain bien après le trépas.

Sachant que le missionnaire ne peut faire parmi eux qu'un très court séjour, ils se réunissent dans le lieu qu'eux-mêmes ont préparé pour la célébration des saints mystères. Avec quel empressement, avec quelle joie, chacun apporte ce qu'il a de plus précieux pour orner l'autel sur lequel le Sauveur du monde va bientôt s'immoler pour leur bonheur ! Non, on ne peut rendre les pieux sentimens qui les animent pendant l'auguste et redoutable sacrifice de l'homme-Dieu : prosternés, pénétrés d'amour et de reconnaissance, ils adorent en silence le Dieu de toute consolation. Dans un pieux enthousiasme, ils célèbrent par de saints cantiques les bienfaits du Seigneur.

Les vieillards comme les petits enfans se pressent autour du missionnaire, les infirmes mêmes se traînent jusqu'à lui, tous, avides de la parole sainte qui toujours fait sur eux des impressions aussi vives que salutaires. Ils tressaillent de joie et d'espérance au souvenir des bontés, des miséricordes d'un Dieu qui de son sang a purifié le monde. Les Indiens (1) eux-mêmes descendent les rivières, bravent la fureur des flots dans leurs pirogues (2) légères, pour voir et entendre le Père, et lui présenter

(1) Les Indiens de la Guiane française, si dignes de compassion et d'intérêt, vivent pour la plupart soumis à un chef auquel ils donnent le nom de capitaine. Ils ignorent les premières vérités de la religion ; et comment les connaîtraient-ils, n'ayant personne pour les leur apprendre ? Leur empressement à visiter les missionnaires, leur attention à les écouter, les peines qu'ils se donnent pour faire baptiser leurs enfans (ils les apportent quelquefois de fort loin), prouvent assez qu'ils ne seraient point éloignés d'embrasser la religion s'ils avaient quelqu'un qui leur en apprît les grandes vérités ; vérités qui feraient bientôt leur consolation et leur bonheur. Ils admettent les deux principes : quand on leur parle de Dieu, ils répondent aussitôt que Dieu est bon, qu'il ne leur veut que du bien ; que le mauvais principe, au contraire, ne leur veut que du mal, qu'il les persécute sans cesse ; aussi, lorsque quelqu'un parmi eux est malade, ils se rassemblent autour de lui, jouent de leurs instrumens, font un bruit effroyable afin de fatiguer le mauvais esprit et de le forcer d'abandonner le pauvre malade à qui, disent-ils, il fait souffrir de grands tourmens. Cependant ces hommes sont nos frères ! comme nous ils ont été rachetés du sang d'un Dieu !.....

(2) Bateau fait d'un seul arbre creusé, et dont se servent les sauvages.

leurs enfans pour qu'il les baptise. Qu'il est consolant de voir le fier Indien, le cou orné d'un collier de dents de tigre et de caïman, son arc et ses flèches d'une main, son boutou ou casse-tête de l'autre, assister, avec le respect le plus grand, au baptême de son enfant! Au moment que le missionnaire verse l'eau régénératrice, il manifeste son contentement. Il s'estime heureux de pouvoir lui offrir, après la cérémonie, quelques curiosités du pays, marque non équivoque de sa reconnaissance. Joyeux, et bénissant le Père, l'Indien place ses enfans dans la petite pirogue qu'il lance de nouveau à la mer.

Les bons habitans de *Sinamary* supporteraient avec moins de peine la privation des secours de la religion, si, au moins, à l'heure dernière de la vie, ils avaient un missionnaire qui soutînt leurs âmes défaillantes et ranimât dans leurs cœurs le feu si pur de la charité qui sanctifie; mais ils ne goûtent point encore ces consolations, ils ne peuvent encore épancher leurs cœurs dans celui du ministre de la réconciliation, ni recevoir le pain de vie, avant de mourir. Une personne charitable du pays s'efforce, par ses prières et de pieuses lectures, de ranimer la foi des mourans, et d'affermir leur espérance; mais le prêtre, cet homme puissant qui ouvre les cieux au pécheur repentant, est loin d'eux. C'est pour tous uue affliction profonde et de tous les instans ; aussi n'ont-ils cessé d'appeler de tous leurs vœux le jour où il leur serait donné de bénir, de prier le Seigneur dans son temple, et d'y entendre de la bouche d'un zélé missionnaire, les grandes et sublimes vérités de l'Évangile, dont la morale adoucit si merveilleusement nos maux, calme nos craintes, fixe nos inquiétudes. Pleins de la douce espérance que Dieu exaucerait un jour leurs supplications, chacun d'eux s'imposait des privations, des sacrifices, afin de pouvoir offrir quelques pièces de monnaie pour la construction d'une maison de prière où ils iraient répandre leurs âmes en la présence du Seigneur, épancher leurs cœurs dans le cœur d'un Dieu. Dieu a daigné enfin écouter leurs instantes prières : une église nouvelle, dédiée à saint Joseph, bâtie à la place de l'ancienne, sous le gouvernement de M. Jubelin (1), est entièrement ache-

____

(1) M. Jubelin est un de ces hommes qui ne vivent que pour faire du bien. Il gouverna la Guiane française

vée; elle a été bénie par M. l'abbé Guillier (1).
La croix, signe de rédemption et de bonheur,
domine ce nouveau temple où tous s'empres-
sent de venir adorer le Dieu de bonté qui n'a-

avec tant de sagesse, de bonté, de justice, que tous l'ai-
maient, l'admiraient et avaient en lui une confiance illi-
mitée. Sincèrement attaché à la religion, il en remplis-
sait les devoirs avec cette fidélité, ce courage qui carac-
térisent une grande âme. Tous étaient édifiés, et ceux
même qui ne partageaient pas ses sentimens publiaient
ses vertus. *Prospérité* du pays, *bonheur* de ses habitans,
telle était la devise de M. Jubelin. C'est à ce but que
tendaient ses efforts, ses sacrifices. Il fit beaucoup pour
l'embellisement et l'utilité de la ville de Cayenne. C'est à
son zèle et à ses soins que l'on doit les trois églises de la
Guiane française : celle de Cayenne, une des plus belles
de nos colonies, de Sinamary et d'Approuague. Les
regrets qu'il a laissés sont profonds, et le souvenir toujours renaissant de ses nombreux bienfaits les fait revivre.

(1) M. l'abbé Guillier fit ses études au séminaire du
Saint-Esprit. Dans le temps de la terreur il rendit à la
Religion des services signalés; il supporta avec une patience et un courage admirables les plus grandes privations. Il fut nommé, en 1817, préfet apostolique de la
Guiane française. Rendu au milieu de son tronpeau, il
fit bientôt éclater le beau zèle qui toujours l'enflamme
pour la gloire de Dieu et le salut des âmes. Infatigable,
on le voit parcourir la ville, visitant le pauvre dont il

bandonne jamais ceux qui l'invoquent ; les mères y amènent leurs enfans, et les infirmes s'y font transporter.

Qu'il est touchant de voir de bons vieillards, qu'accable le poids des années, baiser amoureusement le pavé de ce temple dont la vue seule ranime leur foi! d'y voir des mères de famille approcher leurs enfans du sanctuaire;

est le père, consolant l'orphelin dont il est l'appui, et secourant la veuve dont il est le soutien. Tous publient ses bienfaits, tous rendent hommage à ses vertus.

Il succéda à M. Le Grand, cet homme de Dieu qui fut un modèle d'obéissance, de piété pendant le temps qu'il demeura au séminaire du Saint-Esprit, où il fit ses études. Préfet apostolique, il donna l'exemple des plus belles vertus : sa tombe est encore en vénération.

Nous pourrions faire ici mention de plusieurs autres zélés missionnaires, également sortis du séminaire du Saint-Esprit. Depuis son établissement ce séminaire a rendu de grands services à la religion et souvent à l'Etat. Nous nous contenterons de citer MM. Demoranvilliers et Gérard. Les habitans de la Guiane bénissent encore leurs noms. Un très grand nombre ne manquent jamais de réciter chaque jour les prières qu'ils ont apprises de ces hommes apostoliques ; et lorsque j'annonçai à plusieurs d'entre eux la mort du premier, ils exprimèrent par des soupirs et des larmes leur vive douleur.

leur dire avec larmes le bonheur qu'elles goû-
taient autrefois, lorsque, assistant au divin
sacrifice, elles recevaient à la table sainte le
pain de vie! Qu'elles sont heureuses les dispo-
sitions des habitans de cette partie de la
Guiane! O mon Dieu, s'écrient-ils souvent,
quand verrons-nous un Père (1) *à l'autel?*
Quand entendrons-nous les grandes vérités?

Ah! puissent-ils bientôt unir la voix de leur
reconnaissance à la douce et touchante harmonie
de nos divins cantiques, de nos hymnes sacrées!

Un missionnaire animé d'un zèle brûlant pour
la gloire du Seigneur, et le salut de ses frères,
opérerait, s'il était secouru, le plus grand bien
à *Sinamary* (2); mais si la charité des fidèles
ne venait à son secours, que pourrait-il faire?
L'église de *Sinamary* manque de tout, même
des choses les plus nécessaires à la célébration
de nos saints mystères; elle est dans le dénu-
ment le plus absolu. Les bons habitans atten-
dent tout de la piété et de la générosité des
fidèles de France; ils font appel à leur charité.

(1) Un missionnaire français.

(2) Paroisse d'une très grande étendue. Le gouvernement est venu au secours des habitans de Sinamary pour
la construction de leur église.

Fidèles de France ! ah ! s'il vous était possible de voir ces pieuxchrétiens dans leur nouvelle église, prosternés aux pieds des autels dépourvus du moindre ornement, conjurant Dieu par tout ce qu'il y a de plus saint, de plus sacré dans la religion, de toucher vos cœurs en leur faveur, et de vous inspirer de venir au secours de cette mission si importante ; aussi édifiés de leur foi que touchés de leur confiance, vous seriez vivement émus, et votre charité s'enflammerait.

Fidèles de France ! qu'il vous est facile de secourir, de rendre heureux vos *Frères* de *Si-namary*, et tous ceux qui avoisinent cette partie de la Guiane française ! Offrez à la religion quelque chose de votre superflu ; donnez l'obole pour orner l'autel du Dieu de vos pères...

Ah ! si le verre d'eau froide et le denier donnés au nom de Jésus-Christ, méritent une grande récompense, que ne sera point celle des âmes charitables et généreuses qui par leurs dons volontaires assureront les secours de la religion à des milliers de chrétiens, et coopéreront au salut de leurs frères ? Dieu lui-même sera leur récompense.

Non, vos *Frères* de *Sinamary* ne réclament

point de votre charité de trop grands sacrifices; ils ne demandent point *l'or des trésors*, ils vous conjurent de ne point les laisser plus long-temps manquer des choses nécessaires au culte divin. Ils recevront avec actions de grâces les linges, les vieux ornemens, et tous les objets propres à orner le temple du Seigneur, que votre charité vous inspirera de donner. Les médailles, les images, les chapelets, les livres de piété; toutes ces choses seront pour eux des dons bien précieux, qui ranimeront leur piété et contribueront à leur sanctification.

Par vos dons généreux, âmes chrétiennes, non seulement vous entretiendrez la piété parmi les habitans de Sinnamary ; mais vous coopérerez à la conversion de plusieurs tribus indiennes qui ne sont point encore éclairées du flambeau lumineux et divin de la foi. A peine les Indiens sauront-ils qu'un Père fait les *grandes cérémonies* dans l'église de *Sinamary*, *qu'il y prêche la parole du grand-maître*, qu'aussitôt ils accourront pour voir et entendre celui qu'ils regardent comme l'envoyé du Ciel ; ils entreront dans le temple ; à l'exemple des autres, ils inclineront la tête, fléchiront le genou devant l'autel; peut-être qu'alors, saisis d'admiration à la vue des dons de votre générosité, ils sentiront naître dans leurs cœurs, avec le repentir, la plus douce confiance. La bonté de Dieu est si grande! sa grâce si puissante! peut-être n'attendent-ils que les effets de votre charité (1)!

Quel grand sujet de joie pour vous! quel puissant motif de confiance! Vous procurerez à ces infortunés, qui gémissent encore dans les ombres de la mort, les moyens de connaître la vérité, de jouir des bienfaits infinis de la religion. Grâce à votre charité, à l'ombre du palmier sauvage, l'Indien, préparant ses flèches, répétera le nom sacré de Jésus-Christ; le matin et le soir, se balançant dans son hamac, il récitera à ses enfans la prière que le Père lui aura apprise. Tous ensemble, sous l'humble carbet, béniront la divine Providence.

Grâce à votre charité, l'enfant sera régénéré par l'eau sainte du baptême; les pauvres auront un père, les orphelins un appui, les veuves un soutien.

Grâce à votre charité, que de larmes taries! que d'infortunes secourues! que de familles heureuses! Non, le pauvre américain qui ha-

____

(1) Il faut frapper leurs sens pour gagner leurs cœurs.

bite ces lieux ne mourra point sans consolation ni sans espérance.

Ah! sachez-le bien ; au moment dernier de votre vie, le souvenir de vos dons sera pour vous des plus doux et des plus précieux; et avant de descendre dans la tombe, vous vous réjouirez d'avoir contribué au bonheur de vos *Frères* de *Sinamary*.

Oui, un jour qui peut-être n'est pas fort éloigné (que nous aimons à nous bercer de cette espérance!), entourant l'autel du temple, orné et enrichi de vos dons, les pieux habitans de *Sinamary* et les bons Indiens d'Iracoubo, d'Organa et des autres tribus, célébreront par des hymnes sacrées et de saints cantiques la gloire et les miséricordes de Dieu, lui adressant pour vous les vœux les plus ardens; et unissant leurs prières à celles de leur pasteur, ils offriront au Dieu rémunérateur des bonnes œuvres, la plus pure, la plus auguste des victimes, afin qu'il daigne combler de grâces et de bénédictions tous ceux qui auront contribué à leur bonheur et à celui de leurs enfans, et qui, par de légers sacrifices, leur auront procuré les moyens d'acquérir le Ciel.

Pour nous, qui savons les services importans que cette mission peut rendre et à la religion et à la société, nous vouons une éternelle reconnaissance aux bienfaiteurs de *Sinamary*.

L'abbé J. Hardy, *ex-miss. apost.,*
direct. du sém. du St.-Esprit.

———

Les dons peuvent être remis à M. l'abbé Fourdinier, supérieur général du séminaire du Saint-Esprit et des Missions coloniales, rue des Postes, n° 26, et à MM. les Curés qui se feront un plaisir de recevoir ce que les Fidèles voudront bien offrir pour une œuvre qui intéresse si vivement la religion.

———

Nota. Cette notice était sous presse lorsque nous reçûmes l'heureuse nouvelle de l'arrivée de M. l'abbé Carnet à Sinamary. Nous nous empressons de la donner au public, et de faire connaître aux âmes charitables le pasteur du troupeau qu'elles daigneront secourir. C'est aussi avec joie que nous saisissons cette occasion de rendre hommage à la générosité de M. de Choisy, gouverneur de la Guiane française, et à la charité de Mme de Choisy envers le missionnaire de Sinamary.

M. l'abbé Carnet, qui fit ses études au sémi-

2

naire du Saint-Esprit, connaissant la volonté de ses supérieurs ecclésiastiques, abandonna généreusement tout ce qu'il avait de plus cher au monde, et s'embarqua à Brest, le 27 décembre 1835, pour les missions de la Guiane française. Il exerçait à Cayenne les fonctions du saint ministère, lorsqu'il fut nommé pour aller desservir la paroisse de *Sinamary*. Mais sans argent, sans ressource, que fera ce pieux missionnaire dans un pays qui ne peut lui donner les moyens d'opérer le bien que son zèle lui inspire? Un désir ardent l'anime, celui de consoler, secourir, sauver ses frères. Il sait se contenter de peu. Invité par M. de Choisy à faire la demande des choses dont il avait besoin, il présenta une note dans laquelle il demandait pour ameublement une armoire ou commode, six chaises, une glace, deux chandeliers, deux tables, une petite pour l'étude et une plus grande pour manger; pour vaisselle, trois plats, douze assiettes; pour linge, six serviettes, trois nappes, une paire de draps; et pour nourriture, farine, ou biscuit de mer pour quelques mois, salaisons de bord.

M. le gouverneur, qu'entoure l'estime générale, accueillit favorablement son humble demande, et lui accorda bien au delà de ce qu'il avait osé espérer ; et madame de Choisy, dont la charité sait si bien multiplier les bienfaits, édifiée autant de la simplicité tout évangélique que du dévouement de ce zélé missionnaire, s'empressa de lui envoyer de la vaisselle, des couverts, du linge, du vin, et les autres choses qui lui étaient nécessaires.

Plein de joie et pénétré de la plus vive reconnaissance, ce nouvel apôtre s'est rendu au milieu de son troupeau, qu'il ne cessera de consoler, d'instruire, et qu'il conduira à la source des biens éternels. Dieu, nous l'espérons, bénira ses travaux, couronnera ses désirs.

Qu'il est admirable ! qu'il est puissant le zèle du prêtre ! Généreusement, il abandonne ses parens, ses amis, sa patrie. Plein de confiance en la bonté du Dieu dont il va prêcher aux nations lointaines la morale sublime et divine, il confie ses jours aux tempêtes et à la fureur des flots ; il franchit l'immensité des mers, tressaillant d'allégresse à la pensée qu'il est envoyé pour consoler, secourir ses frères, embrasé du beau feu de la charité qui vivifie, il offre volontiers à Dieu et son sang et sa vie. Ils le savent les ennemis de la religion, le prêtre veut dominer les passions de l'homme et non l'homme lui-même ; un désir brûlant l'enflamme, celui de sauver ses frères.

Animés de la plus vive espérance, le missionnaire et les bons habitans de *Sinamary* tournés vers la France, tendent vers vous, âmes généreuses, leurs mains suppliantes ! Non, leur espérance ne sera point vaine, la charité des fidèles de France multipliera les bienfaits....

Paris. — Imprimerie de E.-J. BAILLY et C⁕,
Place Sorbonne, 2.